漢字がたのしくなる本

1

101字の基本漢字

改訂版

500字で漢字のぜんぶがわかる

宮下久夫　篠崎五六　伊東信夫　浅川満

1 かんじの はじまり

むかしの かんじ ……→ いまの かんじ

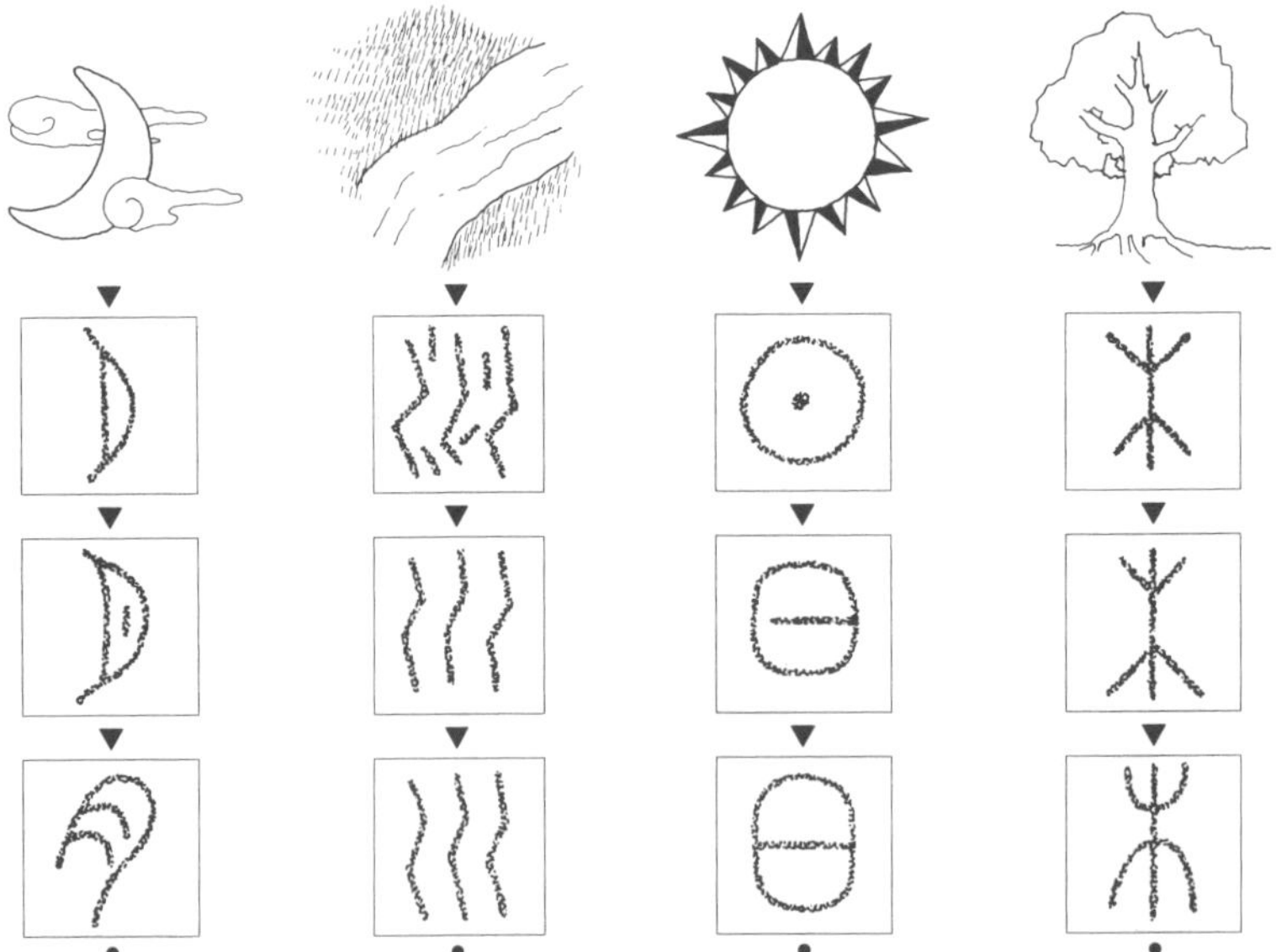

木　日　川　月

むかしの かんじ ……→ いまの かんじ

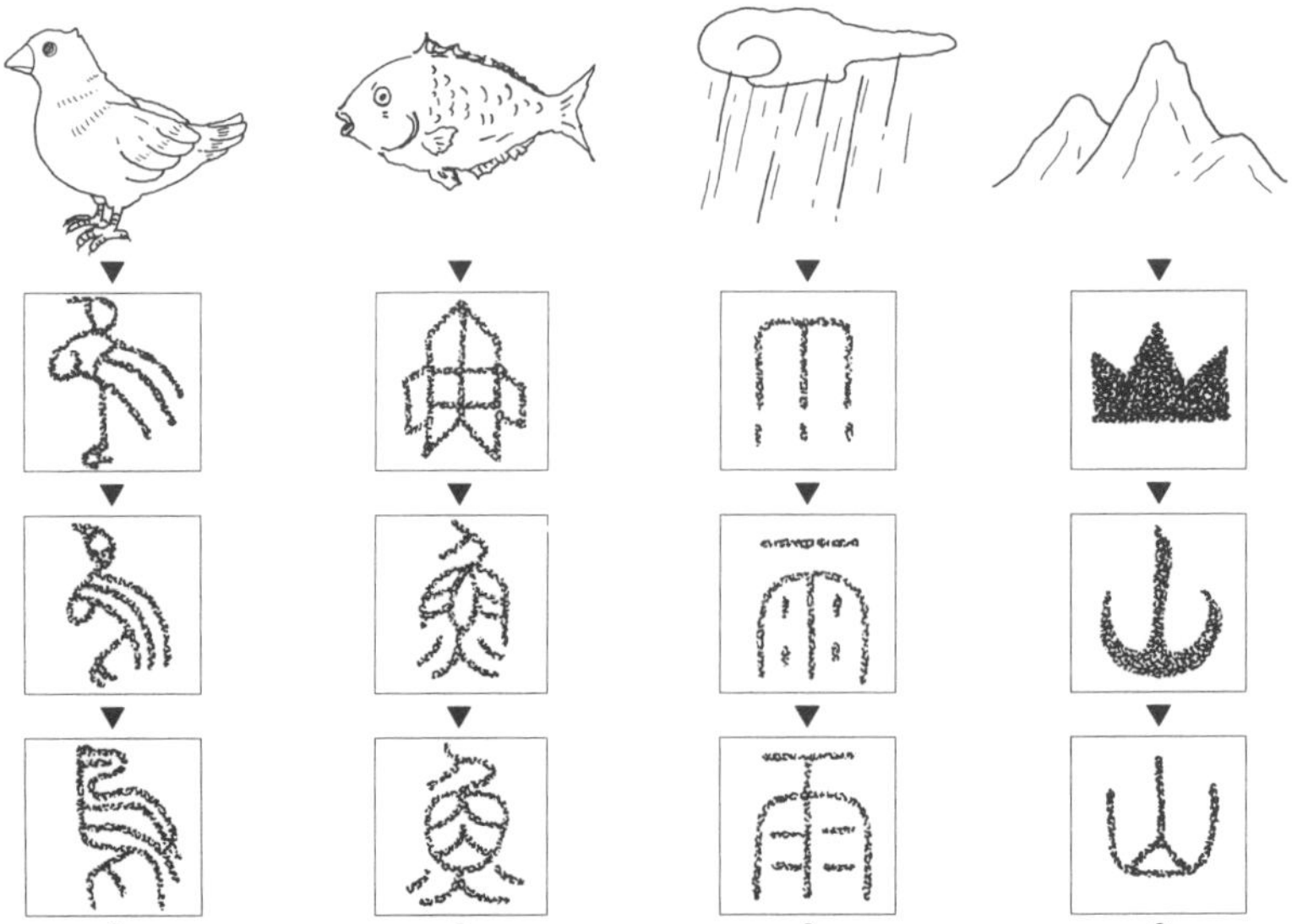

山　雨　魚　鳥

したの えと もじが どこに はいるかな?

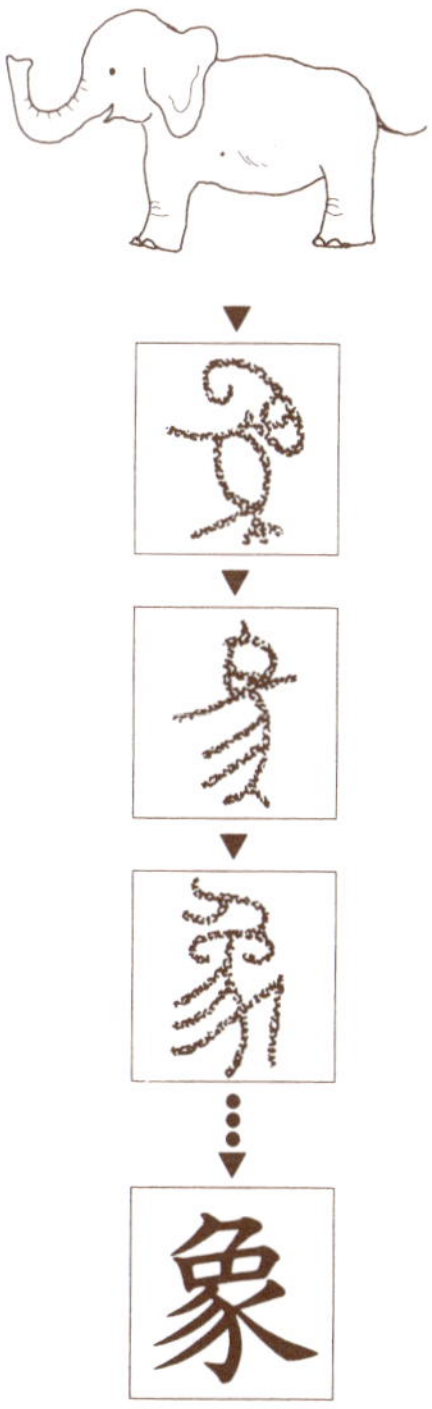

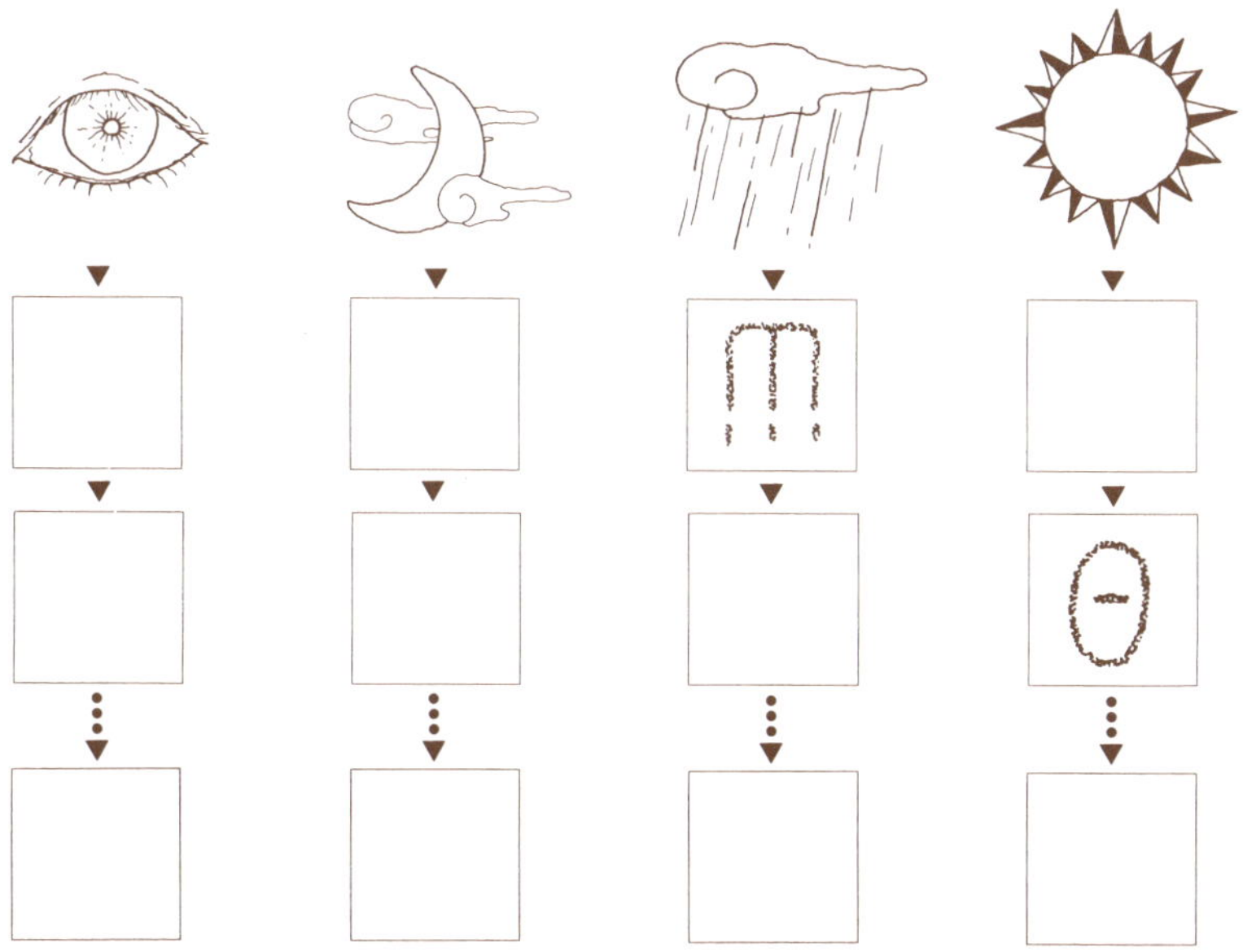

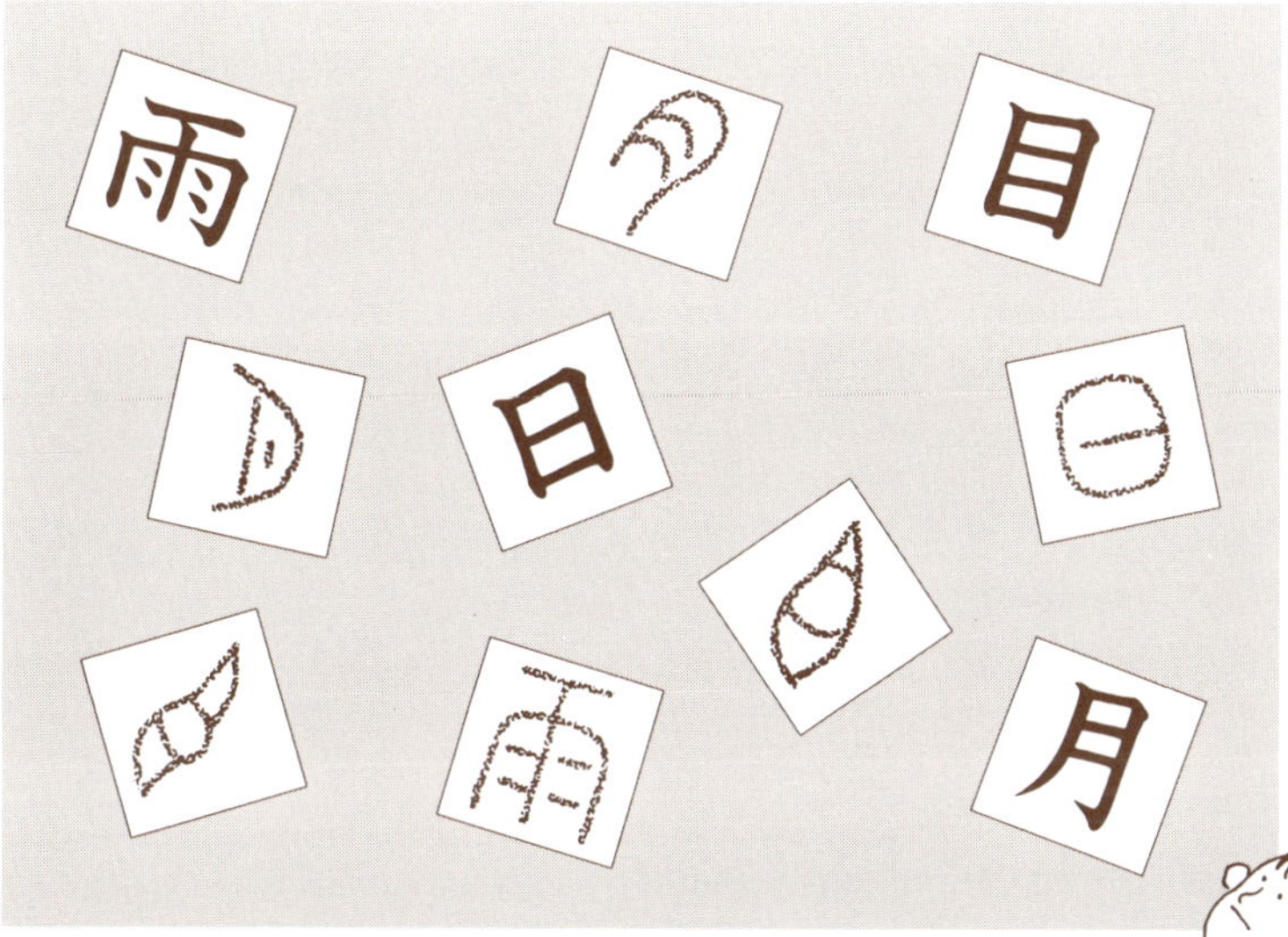

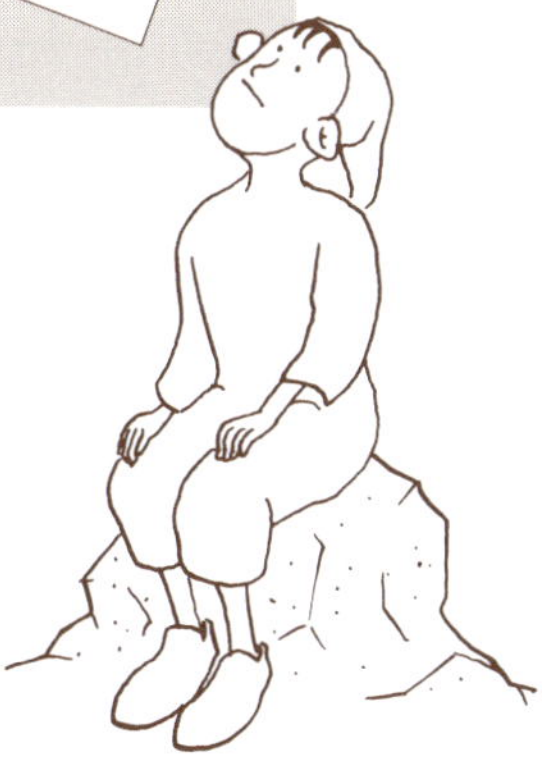

むかしは 人や ものや いきものなどの かたちを えのように かいて、ことばの かわりに つかいました。このような えから かんじが できました。

むかしの かんじと いまの かんじを せんで むすんで みよう。

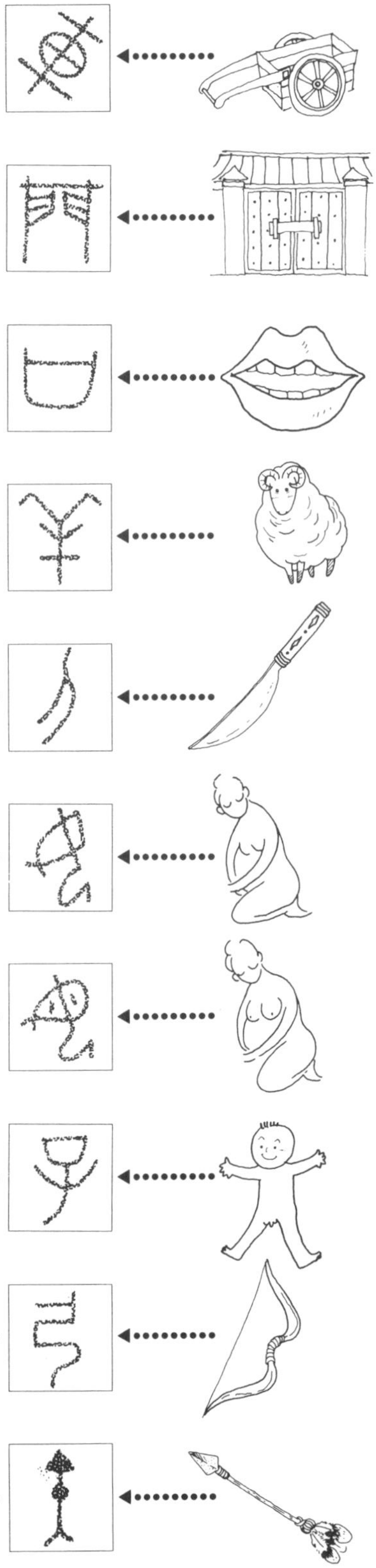

羊

刀

車

門

口

弓

女

矢

母

子

したの じが どこに はいるかな？
この えを みて なんでも おはなしを つくってごらん。

川　鳥　牛　日　羊　犬　馬　山　木

おもしろい かんじの はなし①

さかなの おひれも、……

魚《さかな》

うまの あしも、……

馬《うま》

とりの あしも、……

鳥《とり》

えんとつの ひも、……

黒《くろ》

みんな おなじに なっちゃった？

えのように かいた むかしの かんじは、魚の おひれや 馬の あしの ちがいを わかる ように かきわけていた。

ところが、かきあらわしかたが かんたんに なった いまの かんじは、こまかい ひとつひとつの ちがいが わからなく なって しまった。こうして、たくさんの かんじが つくられて べんりに なったが、魚のおひれも、馬の あしも、鳥の あしも、えんとつの ひも、みんな おなじ かたちの 灬(よつてん)に なって、くべつ できなく なって しまったんだ。

かんじは たんごを あらわす もじです。たんごは いくつかの 音《おと》で できています。ひらがなや かたかなは 音だけを あらわす もじですが、かんじは 音だけで なく、いみも あらわして いる もじです。

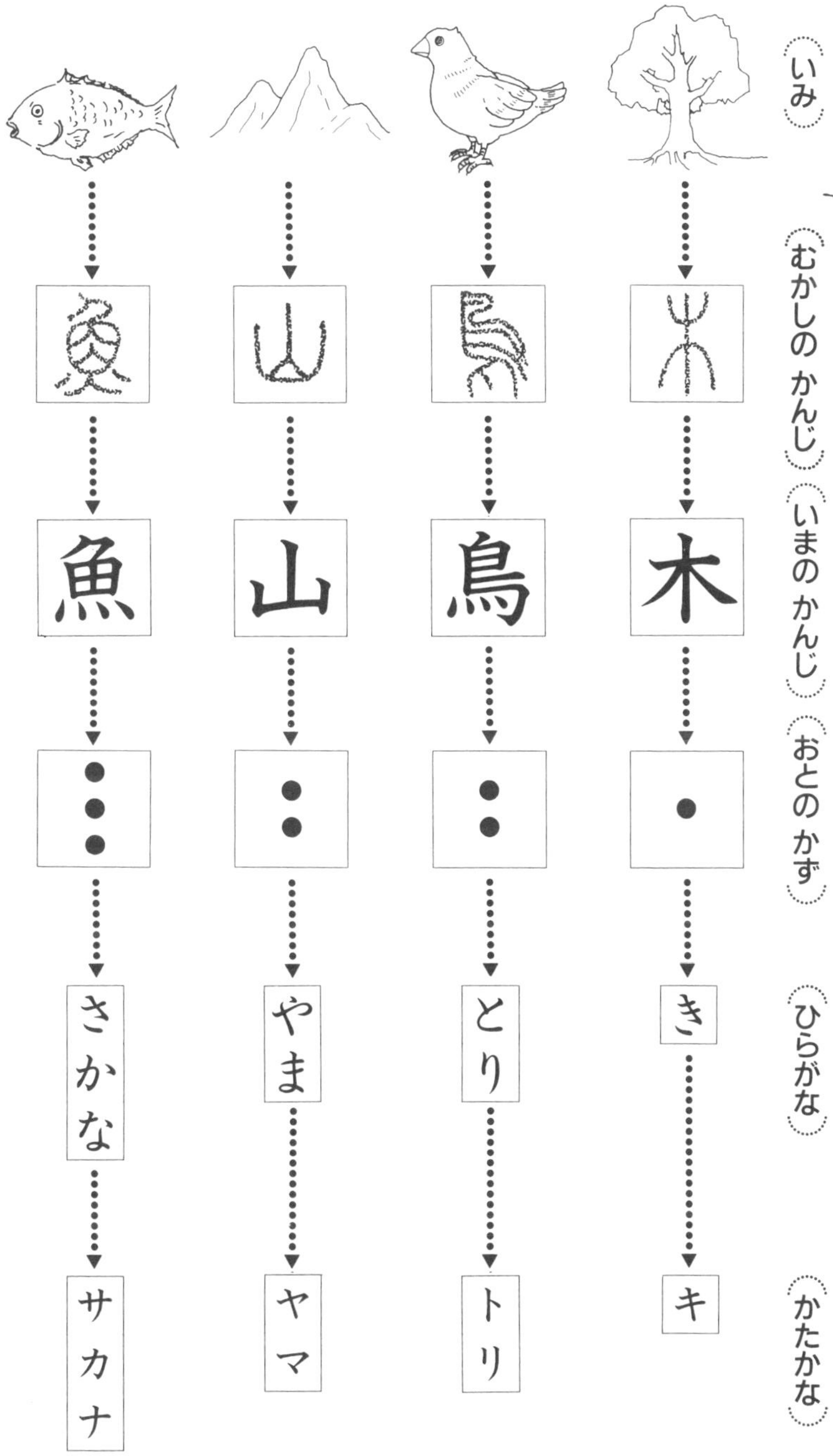

つぎの ぶんの なかに あるのは むかしの かんじだね。
この むかしの かんじを たんごに なおして よんでごらん。

は そらを とび、は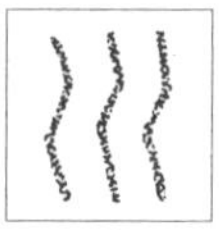の なかを およぐ。

むかしはやにを ひかせた。

にが ふり、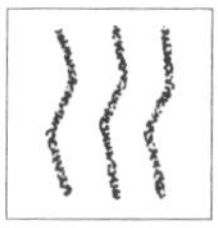のが ふえた。

の むこうに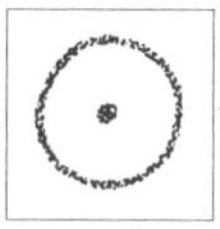が しずみ、そらにが でた。

がを だいて、から さんぽに でかけた。

が ふったら、が しめって、が あおあおした。

の かれ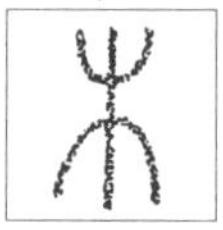を ひろって、を もやした。

かんじ	日	火	歯	葉	川	皮	花	鼻
おと	ひ		は		かわ		はな	
いみ								

おとが おなじでも いみが ちがうと、べつの かんじを つかいます。

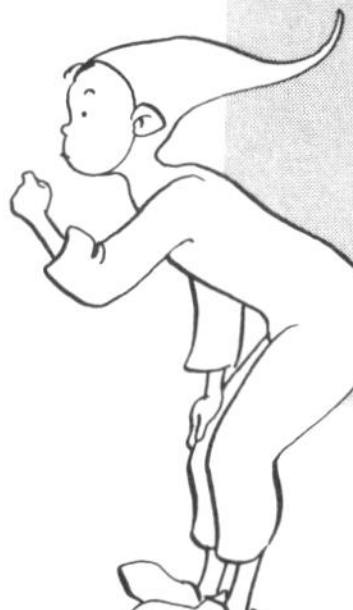

つぎの ぶんの なかでは どちらの かんじを つかったら いいかな。よい ほうに マルを つけてごらん。

❶ まいばん ねる まえに 歯・葉 を みがく。

❷ ぶつだんの ろうそくの 日・火 を いきで ふきけす。

❸ うんどうじょうで ころんで あしの 川・皮 を すりむく。

❹ インドぞうも アフリカぞうも ぞうは 花・鼻 が ながい。

❺ ふゆに なると、にわの 木・気 に ことりが やって くる。

2 かんじと おと

目《め》や 木《き》は 一つの おと、耳《みみ》や 山《やま》は 二つの おと、
力《ちから》や 羊《ひつじ》は 三つの おとの たんごを あらわす かんじです。

つぎの かんじは いくつの おとの たんごかな。
かんじに おとの かずだけ ・(てん)を つけてごらん。

馬も 牛も 羊も からだじゅうに
毛が はえていて、足で のはらを かけまわる。
鳥は 羽で そらを とびまわり、
よく みえる 目で 虫を みつけて たべる。

魚は 手や 足の かわりの ひれで、
水の なかを 力づよく およぐ。

ひらがなは ふつう ひとつの もじで ひとつの おとを あらわします。ところが、かんじは たんごを あらわす もじですから、 ひとつの かんじが、ひとつの おと、ふたつの おと、みっつの おと、ときには よっついじょうの おとを あらわす ことも あります。

(おとの かず)	(ひらがな)	(かんじ)	(いみを あらわす え)
ひとつ	て	手	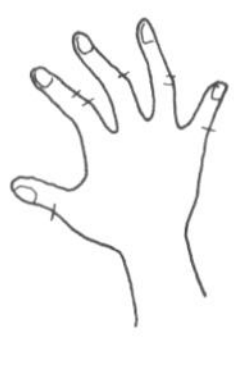
ふたつ	あし	足	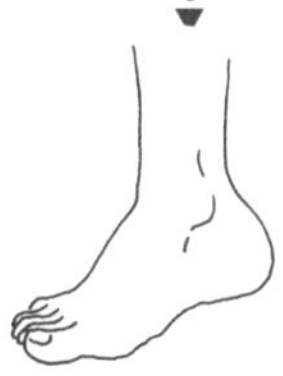
みっつ	くるま	車	
よっつ	みずうみ	湖	

かんじに おとの かずだけ ・(てん)を つけてごらん。

雨　木　山　目　魚　月　車　子　刀　牛

かんじの画《かく》 3

牛 は ノ《ななめせん》 一《よこせん》 二《よこせん》 牛《たてせん》 の四つの せんの くみあわせで できて います。

土 は 一《よこせん》 十《たてせん》 土《よこせん》 の三つの せんの くみあわせで できて います。

人 は ノ《ななめせん》 人《ななめせん》 の二つの せんの くみあわせで できて います。

かんじは いくつかの せんや てんや かぎの くみあわせで できて います。 かんじを つくって いる いろいろな せんや てんや かぎの ことを 画《かく》と いいます。 画は ひといきで かきます。

つぎの かんじは いくつの せんや てんで できて いるか、かぞえて ごらん。

天　川　火　玉　正

村　王　年　犬　木

かんじは ぜんぶ つぎに ある 十の 画《かく》が いろいろに くみあわさって できて いるのです。この 十の 画で ぜんぶの かんじが かけるのです。

❶よこせん 一：二 子 王 石 下 犬

❷たてせん 丨：上 川 中 水 木 十

❸ななめせん ノ：木 人 大 火 力 右

❹かくかぎ ㇆：口 日 五 山 四 月

❺ななめかぎ ㇇：水 夕 力 子 空 学

❻てかぎ 亅：手 子 学 字 家 教

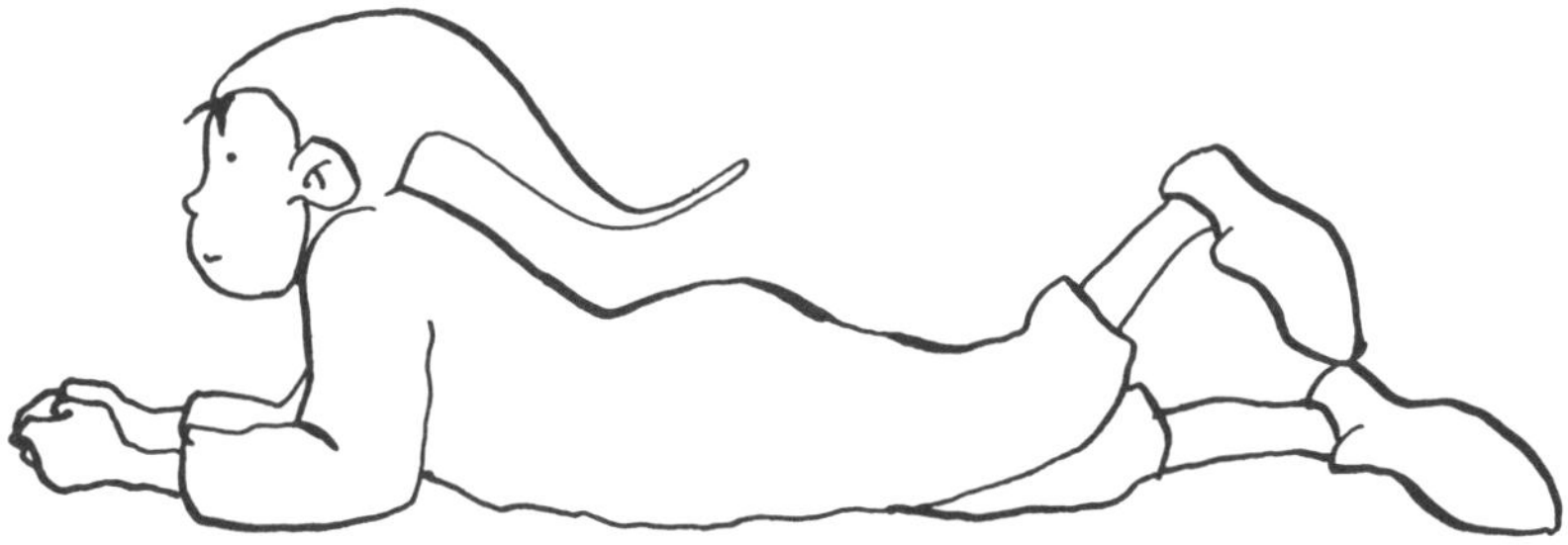

❼ つりばり

し 先 花 見 毛 元 光

❽ くのじ

く 女 糸 母 絵 組 紙

❾ あひる

乙 九 気 汽 風 乙 乾

❿ てん

、 犬 小 村 虫 雨 金

つぎの かんじの うすい せんを なぞり、 その 画の なまえを いってごらん。

大 九 女 糸 力 学 先 足 校 青

町 水 右 気 花 名 空 赤 色 北

かんじを ばらばらに したら、いろいろな 画《かく》が できました。よこせんにも たてせんにも、ながいのや みじかいのが いろいろ あります。それを なかまどうしで あつめてみると、つぎのように なります。

❶よこせん

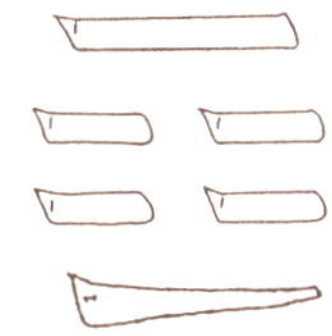

❷たてせん

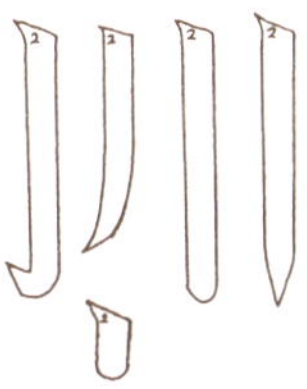

❸ななめせん

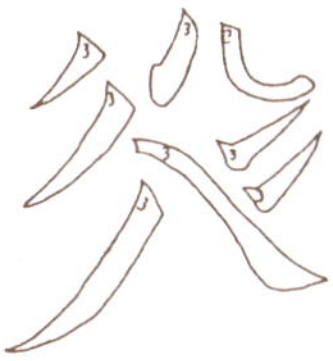

❹かくかぎ

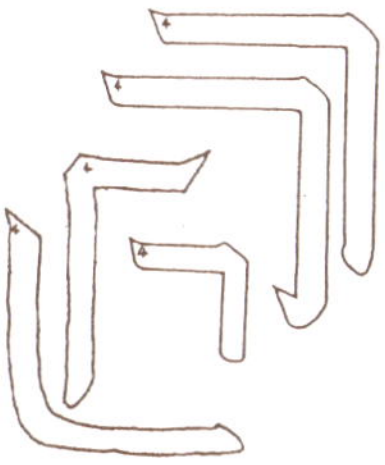

❺ななめかぎ

❻てかぎ

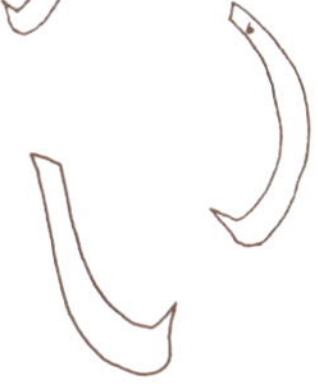

❼つりばり

❽くのじ

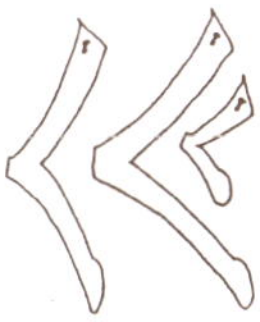

❾あひる

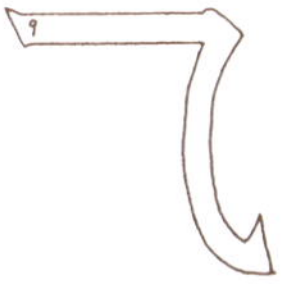

❿てん

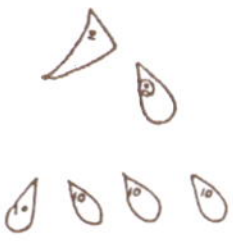

「水」は 亅（たてせん）と フ（ななめかぎ）と ノ（ななめせん）と ㇏（ななめせん）の 四つの 画で できて いるんだよ。
つぎの かんじは どんな 画から できて いる？

毎	答	糸	声	戸
毛	刀	耳	弱	地
青	弟	森	後	鳥

うえの かんじの たりない 画を、したの 画の なかまから みつけて、いれてごらん。

あれ、あれ
へんな 字《じ》？
なにかが たりないよ！

❶よこせん

❷たてせん

❸ななめせん
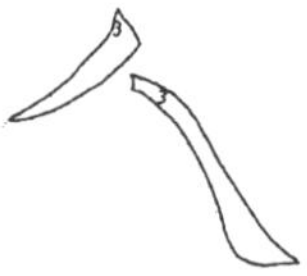

❹かくかぎ
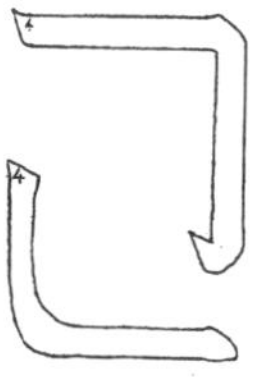

❺ななめかぎ

❻てかぎ

❼つりばり

❽くのじ

❾あひる

❿てん

4 かんじの かきじゅん

画を じゅんじょどおりに かいて いくと、まちがわずに じょうずに かんじが かけます。この じゅんじょの ことを かきじゅんと いいます。かきじゅんには つぎのように だいたいの きまりが あります。

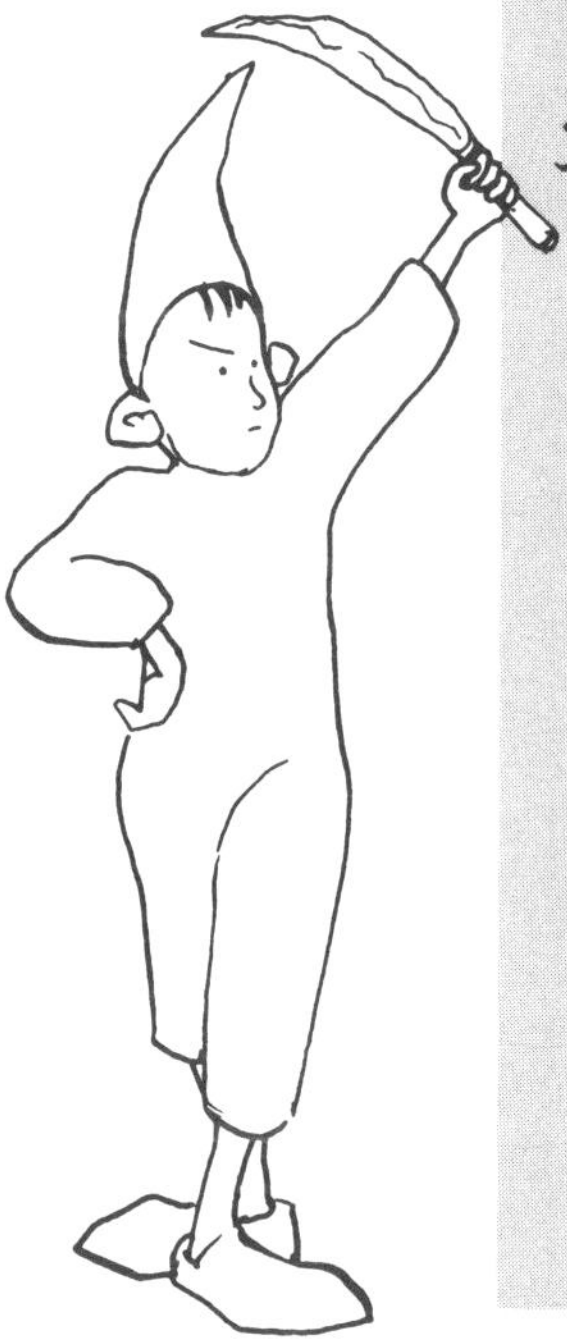

❶ うえから したへ かく。

三

❷ ひだりから みぎへ かく。

川

❸ よこせんが さきで、たてせんは あとで かく。

十

❹ なかを さきに かく。

小

❺ ひだりに いく ななめせんを さきに かく。

人

❻ そとを さきに かく。

円

❼ つらぬく たてせんは あとで かく。

中

❽ つらぬく よこせんは あとで かく。

子

つぎの かんじを かきじゅんどおりに かいてごらん。

❶うえから したへ かく。

三 三

❷ひだりから みぎへ かく。

川 川

❸よこせんが さきで、たてせんは あとで かく。

十 十

❹なかを さきに かく。

小 小

（2と1と6のきまりのくみあわせ）

貝 貝

（2と1のきまりのくみあわせ）

竹 竹

（3と2と1のきまりのくみあわせ）

古 古

（4と1と5のきまりのくみあわせ）

光 光

❺ひだりに いく ななめせんを さきに かく。

人 人

❻そとを さきに かく。

四 四

❼つらぬく たてせんは あとで かく。

中 中

❽つらぬく よこせんは あとで かく。

女 女

谷 谷

（5と1と2のきまりのくみあわせ）

国 国

（6と1のきまりのくみあわせ）

牛 牛

（2と1と7のきまりのくみあわせ）

母 母

（6と1と8のきまりのくみあわせ）

つぎの　かんじを　かきじゅんどおりに
なぞって、かいて ごらん。

耳	青	花	金	学	虫	気	首	父	羽
角	米	弓	門	玉	出	多	雨	町	男

こんどは　画《かく》の　かずしらべだ。
どちらの　かんじが　画が　おおいだろう。

林	村
音	雨
森	校
空	休
足	町
赤	青

つぎの　かんじの　画《かく》を　かぞえて、
ピラミッドの　おなじ　画の　かずの　はこに　はめこんで
いくんだよ。　うまく　できるかな。

月　毎　東　林　山　中　角
学　羽　用　青　図
糸　十　花
貝　門　見
金　雨
夜　半　竹　一　毛　外　空　三
古　人　五　会　母　言　大　光

かんじピラミッド

1画
2画
3画
4画
5画
6画
7画
8画

5 えのように かいた かんじ1

むかしの かんじは、人や ものや いきものの かたちを えのように かいて あらわしました。

【❶〜❻は その かんじが でて くる 学年を しめして います。】

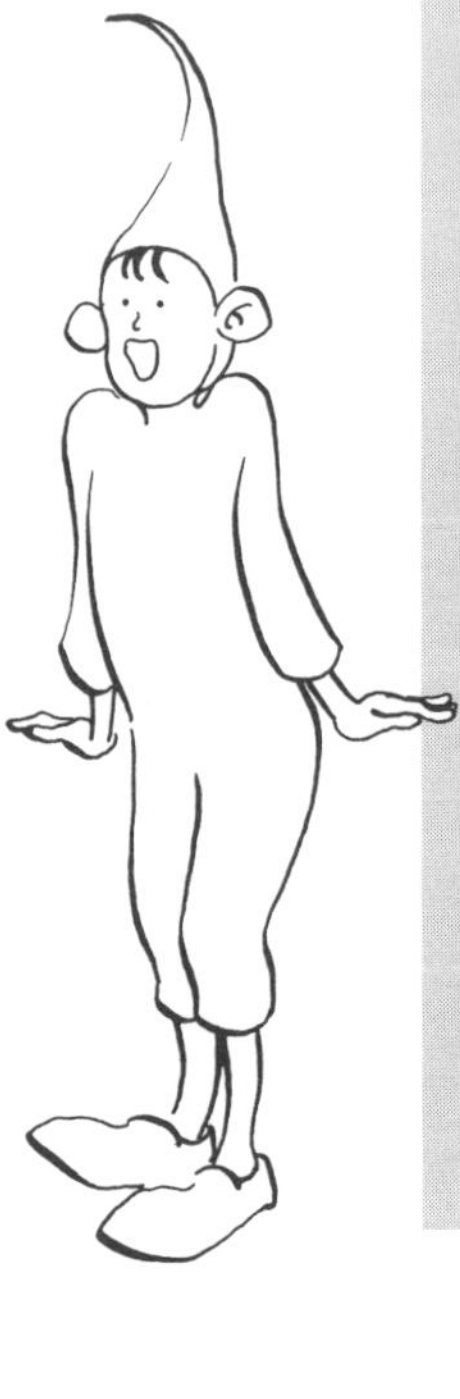

人や 人の からだを あらわす かんじ

1 ひと

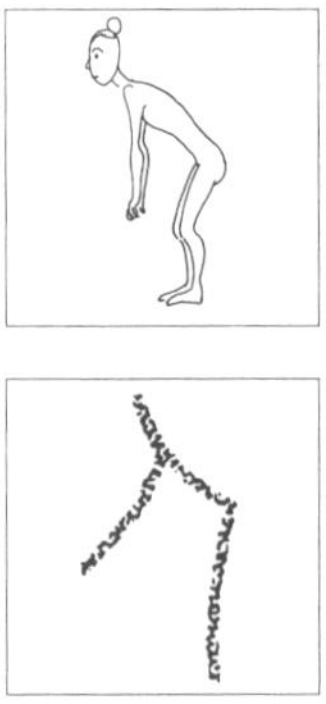

人 ❶

ノ 1 人 2

よこむきの 人

2 こ

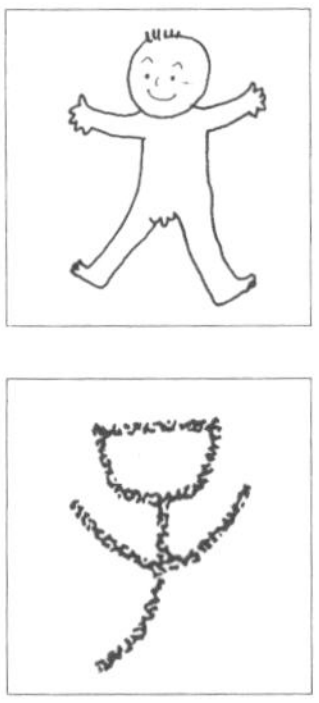

子 ❶

フ 1 了 2 子 3

あたまの おおきい 子

3 おんな

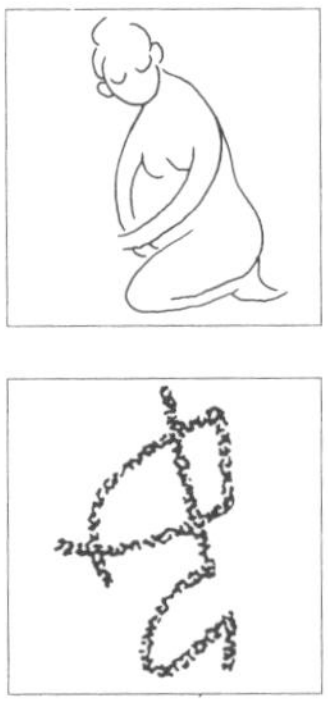

女 ❶

く 1 女 2 女 3

りょうてを くんで すわった 女

4 はは

母 ❷

1 2 3 4 5

母

おっぱいの おおきい 母

5 ちち

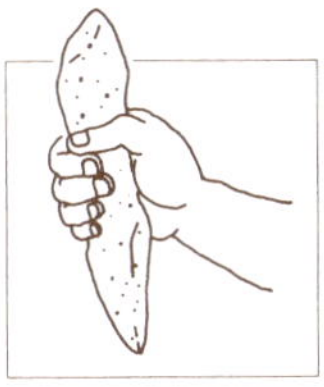

父 ❷

1 2 3 4

父

おのを てに もち、さしずする 父

6 おう

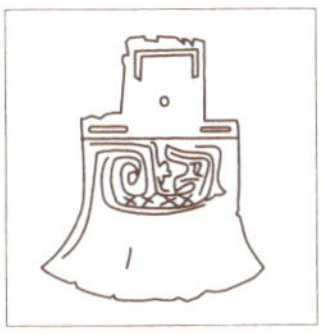

王 ❶

1 2 3 4

王

まさかりの はで あらわした 王

7 くち

口 ❶

1 2 3

口

いっぱいに あける 口

8 みみ

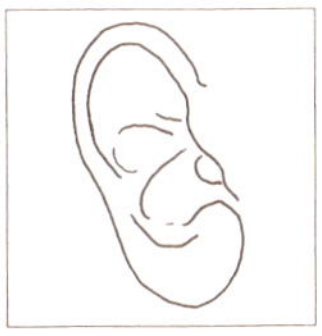

耳 ❶

1 2 3 4 5 6

耳

人の 耳

9 て

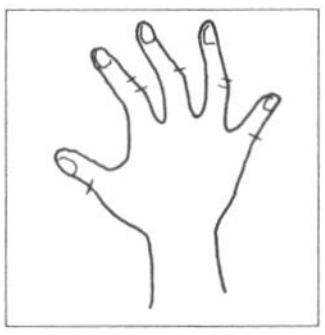

手 ①

ごほんの ゆびの 手

10 あし

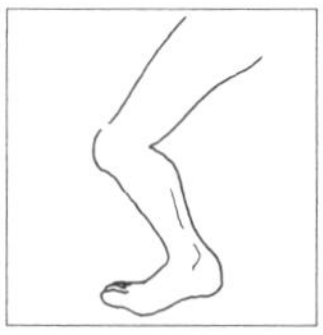

足 ①

ひざから したの 足

11 ちから

力 ①

はたけを たがやす すきの かたちが 力

12 め

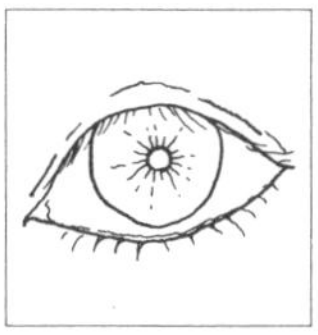

目 ①

まるい 目

13 くび

首 ②

けが さんぼんの 首

14 け

毛 ❷ 1 2 3 4

毛

人の かみの 毛

15 こころ

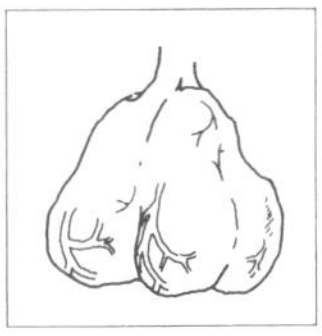

心 ❷ 1 2 3 4

心

しんぞうの かたちの 心

これは ぜんぶ ひとの からだの かたちから うまれた むかしの かんじだよ。いまの かんじに なおして かいて ほしいんだ。できるだろう？

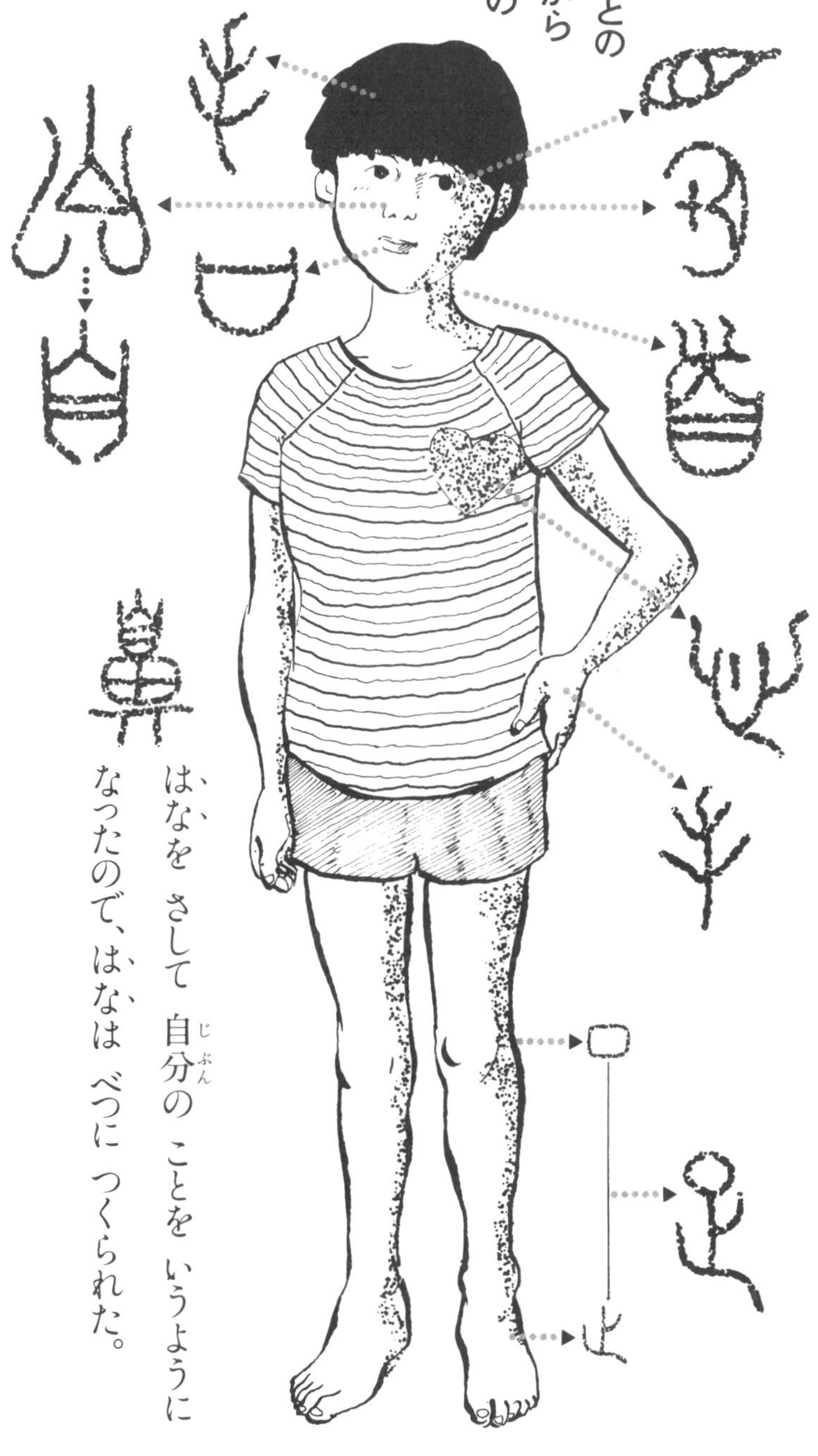

はなを さして 自分《じぶん》の ことを いうように なったので、はなは べつに つくられた。

どうぶつや その からだを あらわす かんじ

16 いぬ

犬 ❶

一 1　ナ 2　大 3　犬 4

犬

うしろの 足で たつ 犬

17 うし

牛 ❷

ノ 1　𠂉 2　𠂉 3　牛 4

牛

つのの おおきい 牛

18 とり

鳥 ❷

ノ 1　𠂆 2　户 3　户 4　户 5　皀 6　鳥 7　鳥 8～11

鳥

よこむきに とまって いる 鳥

19 かい

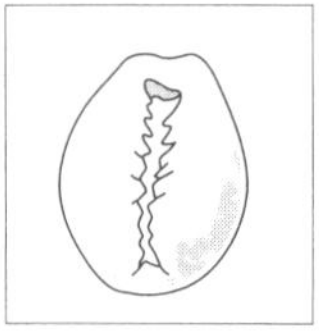

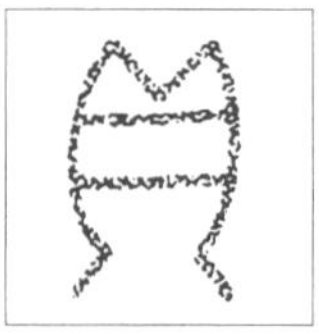

貝 ❶

丨 1　冂 2　月 3　月 4　目 5　貝 6　貝 7

貝

むかしは おかねに つかわれた 貝

20 つの

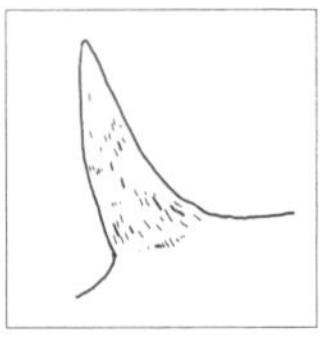

角 ❷

ノ 1　⺈ 2　⺈ 3　角 4　角 5　角 6　角 7

角

さいの 角

21 はね

羽 ②

羽

とりの 羽

22 むし

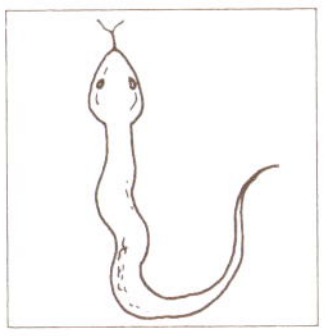

虫 ①

虫

むかしは へび、いまは 虫

23 うま

馬 ②

馬

たてがみの ある よんほんあしの 馬

24 さかな

魚 ②

魚

ひれや うろこを もつ 魚

25 ひつじ

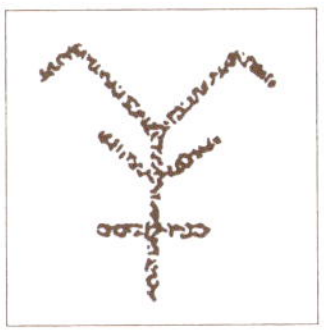

羊 ③

羊

つのが うつくしい 羊

26 にく

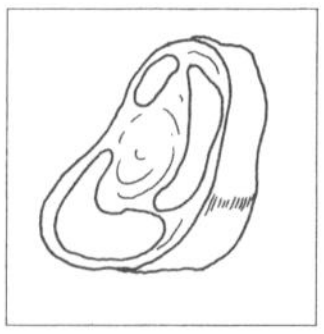

肉 ②

丨 1
冂 2
内 3
内 4
肉 5
肉 6

肉

すじの ある 肉

27 かわ

皮 ③

丿 1
厂 2
广 3
庐 4
皮 5

皮

手で はぐ けものの 皮

いつつの もじの なかで よっつが なかま。
ひとつだけ なかまじゃ ないよ。
どーれだ？ まるを つけてごらん。

手 足 耳 口 木

牛 山 犬 馬 鳥

人 魚 羊 日 虫

首 毛 川 肉 皮

つぎの 文を よんでみてね。よんだ あとで、□の なかに かんじを かいてごらん。

おんがくを きく……耳

とおくを みる……目

あたまを まもる……毛

おかしいなと かしげる……首

ペラペラペラ しゃべる……口

いばりくさって いる……王

おとこおやの……父

おんなおやの……母

パカパカ はしる……馬

モーモーと なく……牛

すばやく およぐ……魚

ぶんぶん うるさい……虫

そらを とぶのに……羽

からだを つつむ……皮

ものを つかむ……手

もっと だせ もっと だせと……力

□《みみ》 □《め》 □《け》 □《くび》

□《くち》 □《ちち》 □《はは》 □《おう》

□《うし》 □《うま》 □《むし》 □《さかな》

□《かわ》 □《て》 □《はね》 □《ちから》

くさや きの なかまを あらわす かんじ

28 こめ

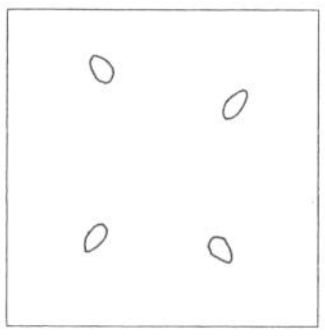

米 ②

1 丶 2 丷 3 䒑 4 半 5 米 6 米

米

ばらばらに ちった 米

29 たけ

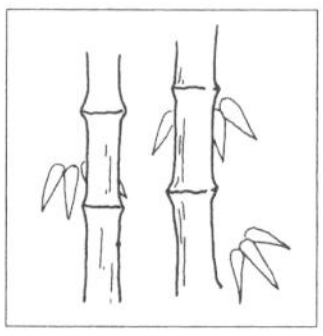

竹 ①

1 ノ 2 𠂉 3 ⺈ 4 竹 5 竹 6 竹

竹

ふしから はの でる 竹

30 き

木 ①

1 一 2 十 3 才 4 木

木

ねを はった 木

31 むぎ

麦 ②

1 一 2 十 3 キ 4 圭 5 声 6 麦 7 麦

麦

はの ついた 麦

32 まめ

豆 ③

1 一 2 𠃊 3 ㄇ 4 ㄇ 5 豆 6 豆 7 豆

豆

もとは たかつきの すがたを あらわした 豆

しぜんや ばしょを あらわす かんじ

33 やま

山 ①

そらに とがった 山

34 かわ

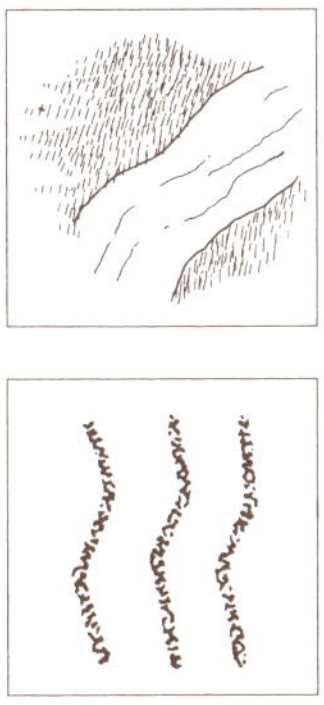

川 ①

ながれる 川

35 あめ

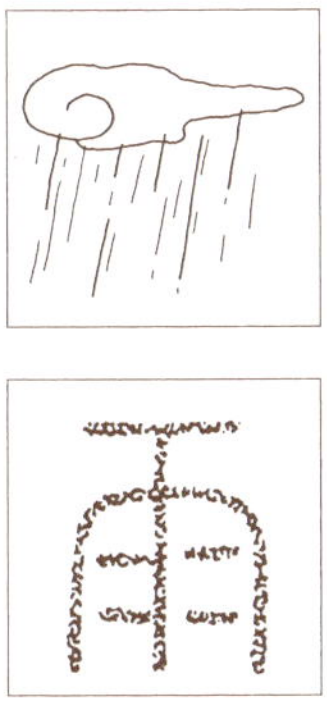

雨 ①

てんから ふる 雨

36 かぜ

風 ②

鳥が竜(りゅう)にかわり、それを虫であらわした。

おおとり(鳳)が おこす 風

37 みず

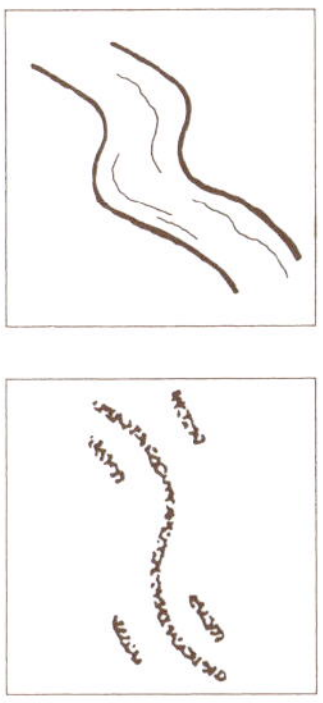

水 ①

かわを ながれる 水

38 つち

土 ①

書き順: 一 1, 十 2, 土 3

くさが めを だす 土

39 いし

石 ①

書き順: 一 1, 厂 2, 3, 4, 石 5

がけしたに ころがる 石

40 かね

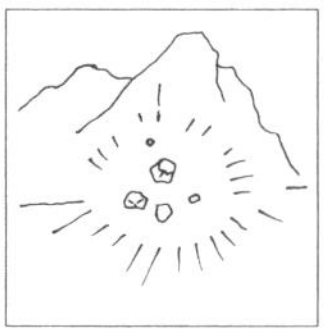

金 ①

書き順: 丿 1, 人 2, 3, 4, 5, 6, 7, 金 8

土の なかで ひかる 金

41 た

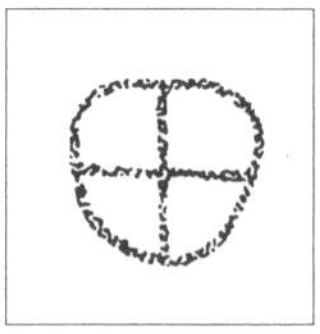

田 ①

書き順: 丨 1, 冂 2, 3, 4, 田 5

しかくい 田んぼの 田

42 あな

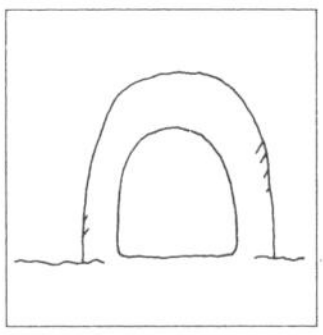

穴 ⑥

書き順: 丶 1, 2, 3, 4, 穴 5

土を ほって つくった 穴

43 ひ（たいようの）

日

丨 冂 日 日 (1 2 3 4)

日

たいようの 日

44 つき

月

丿 冂 月 月 (1 2 3 4)

月

みかづきの 月

45 ひ（もえる）

火

丶 丷 少 火 (1 2 3 4)

火

もえる 火

46 おと

音

丶 亠 亡 立 立 产 音 音 音 (1 2 3 4 5 6 7 8 9)

音

口（いれもの）に 〜（しるし）が はいる 音

えと えもじを みて、□の なかに
いまの かんじを かいてごらん。

おもしろい かんじの はなし②

口の かたちでも 口では ないよ。

ひざこぞう

ひざ → 足《あし》

うつわを もって かみに いのる あに

うつわ → 兄《あに》

がけしたに ある かみさまを まつる いしや いわ

いし・いわ → 石《いし》

なかまじゃ ないのは どれ?
わかったら まるを つけてごらん。

山　川　風　女　雨

豆　麦　米　竹　目

羊　木　水　火　月

金　石　土　水　力

どうぐを あらわす かんじ

47 いと

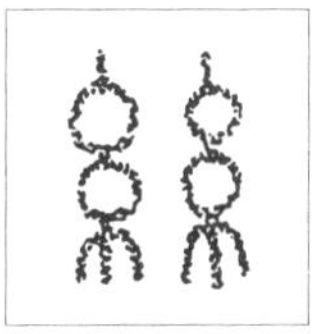

糸 ❶

糸

いとまきに まいた 糸

48 かたな

刀 ❷

刀

ちゅうごくの 刀

49 ふね

舟 (中)

舟

❷ 船（ふね）

水に うかぶ 舟

50 もん

門 ❷

門

みぎ ひだりに ひらく 門

51 と

戸 ❷

戸

門の とびらの かたほうの 戸

52 ころも

衣 ④

1 丶 2 亠 3 ナ 4 亡 5 衣 6 衣

衣

きものの えりの 衣

53 や

矢 ②

1 ノ 2 𠂉 3 午 4 矢 5 矢

矢

矢の かたちの 矢

54 ゆみ

弓 ②

1 ㇕ 2 コ 3 弓

弓

弓の かたちの 弓

55 くるま

車 ❶

1 一 2 ㄏ 3 百 4 亘 5 亘 6 亘 7 車

車

まるい わの ついた 車

56 さら

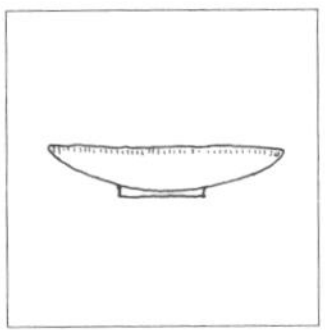

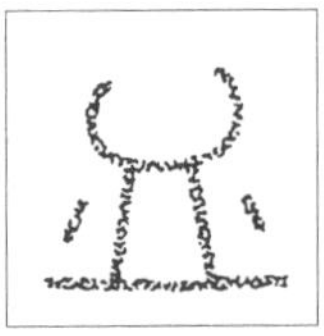

皿 ③

1 丨 2 冂 3 冂 4 皿 5 皿

皿

たべものを のせる 皿

つぎの 文を よんで ごらん。よんだ あとで、□の なかに かんじを かいてね。

月と 金、どちらも ひかるけど、
　月は そらの うえ、金は つちの なか。
皿と 車、どちらも まるいけど、
　皿は ガチャ ガチャ、車は ころころ。
舟と 石、どちらも かわらに あるけど、
　舟は うかんで、石は しずむ。
雨と 風、どちらも てんきよほうに でるけど、
　雨は ザアザア、風は ビュービュー。
弓と 矢、どちらも ぶきだけど、
　弓は とばし、矢は とばされる。
山と 川、どちらも 三画《さんかく》もじだけど、
　山は そびえる、川は ながれる。
門と 戸、どちらも くぐる ところだけど、
　門は 二おんで、戸は 一おん。
日と 火、どちらも ひだけど、
　日は きらきら、火は ぼうぼう。

□ つき　□ ふね　□ いし　□ かわ
□ かね　□ あめ　□ ゆみ　□ もん
□ さら　□ かぜ　□ や　□ ひ
□ くるま　□ やま　□ と　□ ひ

6 えのように かいた かんじ2

いままで ならって きた えから できた かんじは、ひとや ものや いきものの なまえを あらわす たんごです。 こういう たんごを 「なまえたんご」(名詞《めいし》)と いいます。 えのように かいた かんじには、てんや せんの ながさで いみを かきあらわした かんじも あります。 こういう かんじも 「なまえたんご」の なかまです。

かずを かきあらわした かんじ

57 いち

一　一1

58 に

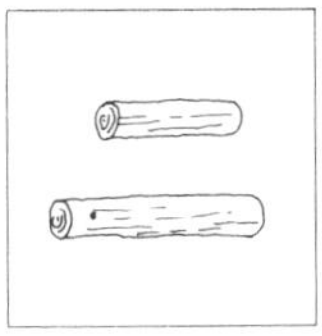

二　一1 二2

59 さん

三

一1 二2 三3

三

60 し

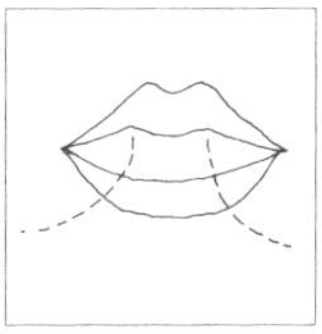

四

丨1 冂2 门3 四4 四5

四

61 ご

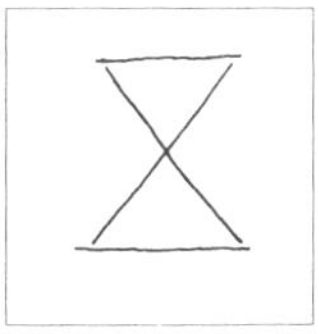

五

一1 丆2 五3 五4

五

62 ろく

六

丶1 亠2 六3 六4

六

63 しち

七

一1 七2

七

64
はち

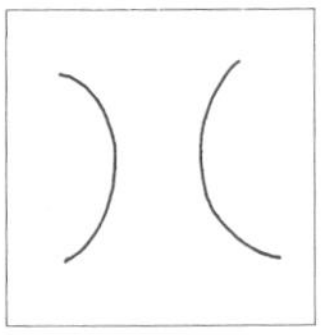
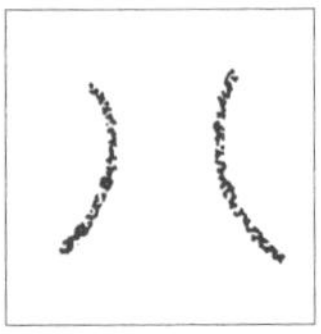

❶ 八

ノ 1
八 2

八

65
く

❶ 九

ノ 1
九 2

九

66
じゅう

❶ 十

一 1
十 2

十

67
ひゃく

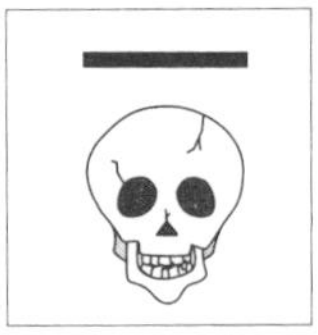

❶ 百

一 1
丆 2
了 3
百 4
百 5
百 6

百

68
せん

❶ 千

ノ 1
二 2
千 3

千

69 まん

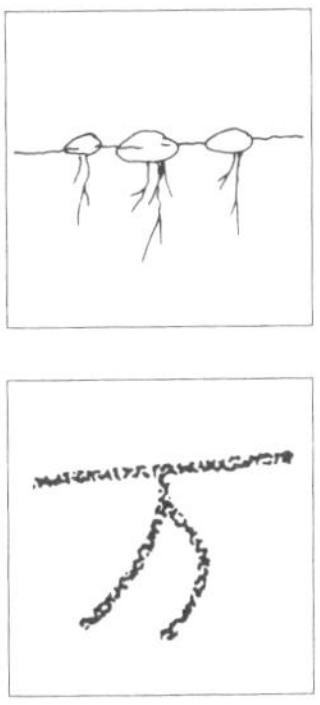

万 ②

一 1
丆 2
万 3

万

水に うく くさの かたちを かりる。千の 十ばいの 万

70 すん

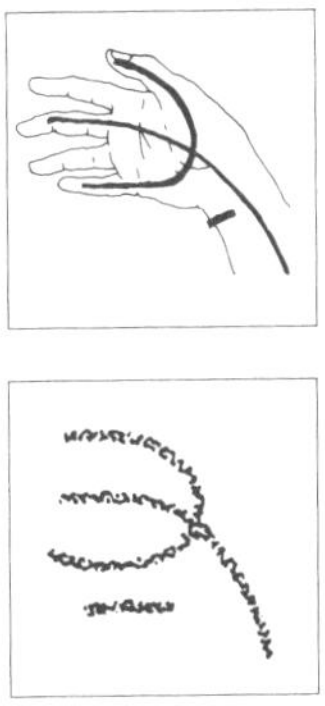

寸 ⑥

一 1
十 2
寸 3

寸

手くびの みゃくの ある ところ、三センチの 寸

71 しゃく

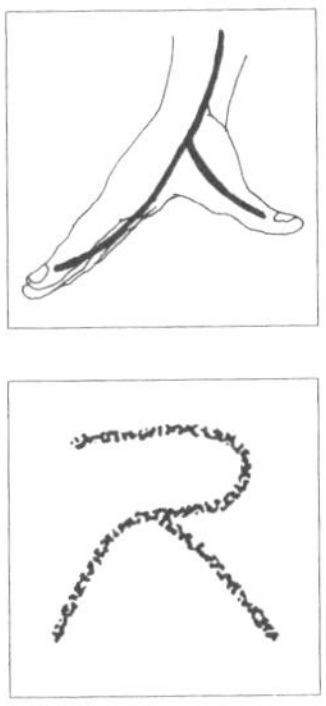

尺 ⑥

㇆ 1
コ 2
尸 3
尺 4

尺

手で あらわす 尺とり虫 のかたち、三十センチの 尺

てんや せんの ながさで ことがらを かきあらわした かんじ

72 うえ

上

丨 ト 上 (1 2 3)

上

てのひらの 上

73 なか

中

丨 口 口 中 (1 2 3 4)

中

まん中の 中

74 した

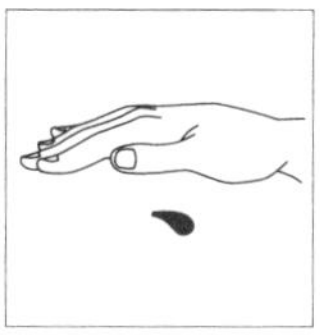

下

一 丅 下 (1 2 3)

下

てのひらの 下

75 ほん

本

一 十 才 木 本 (1 2 3 4 5)

本

木の 本《もと》

76 たま

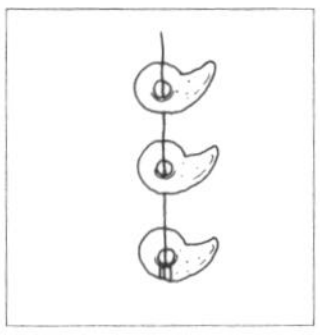

玉

一 丅 干 王 玉 (1 2 3 4 5)

玉

てんを うって、王と くべつした 玉

おもしろい かんじの はなし③

（てんや せんの いちなどで いみを かきあらわした かんじ）

えに かきあらわしにくい かんじは、それまでに できて いる かんじ――たとえば、木と いう かんじを つかって、それに てんや せんを つけて べつの かんじを あらわすような くふうを したんだよ。

末《すえ》《マツ》

（こずえって、木の すえの ことだよ）

木の すえは ここだよ。

木の ねもと、もとは ここ。

本《もと》《ホン》

（ものごとの おおもとを かいたのが 本だよ）

ものが てのひらの うえに のって いる。

→ 上 → 上

てのひらの したに ある。

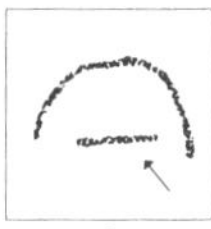

→ 下 → 下

てんは 人の あたまの うえ。ここだよ。

→ 天《テン》

はちは ふたつに こうして わける。

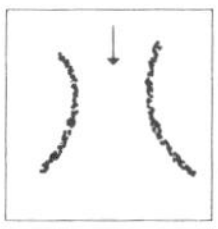

→ 八《やっつ》《ハチ》

7 うごきを かきあらわす かんじ

えのように かいた かんじには、「うごきを あらわす たんご」（動詞《どうし》）や「ようすを あらわす たんご」（形容詞《けいようし》）も あって、それも かんじで かきあらわします。

（ひとや ものの うごきを かきあらわした かんじ）

77 た-つ

❶ 立つ

1 丶 2 亠 3 亣 4 立 5 立

人が りょう手を ひろげて 立つ

78 まわ-る

❷ 回る

1 丨 2 冂 3 冂 4 同 5 回 6 回

うずまきが ぐるぐる 回る

79 た-べる

❷ 食べる

1 丿 2 人 3 今 4 今 5 今 6 今 7 食 8 食 9 食

ちゃわんに もった ごはんを 食べる

80 い―く

❷ 行く

1 ノ 2 彳 3 彳 4 5 6 行

まちの 四つかどを 行く

81 と―める

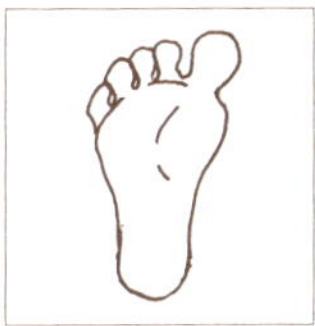

❷ 止める

1 丨 2 ト 3 4 止

おやゆびに 力を いれて 止める

82 ま―ぜる

❷ 交ぜる

1 丶 2 亠 3 4 六 5 6 交

りょう足を くんで 交ぜる

83 む―く

❸ 向く

1 ノ 2 3 4 5 向 6 向

まどが きたを 向く

84 ある―く

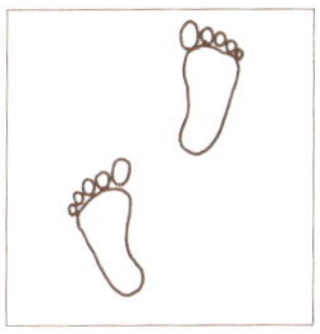

❷ 歩く

1 丨 2 ト 3 4 止 5 6 7 8 歩

みぎあしと ひだりあしで 歩く

85 かんが―える

❷ 考える

1 一 2 十 3 土 4 耂 5 耂 6 考

まがりくねって 考える

86 い―れる

❶ 入れる

1 丿 2 入

くらの なかに 入れる

87 しめ―す

❺ 示す

1 一 2 二 3 亍 4 亓 5 示

かみさまの いる ところを 示す

88 はし―る

❷ 走る

1 一 2 十 3 土 4 丰 5 丰 6 走 7 走

手を おおきく ふって 走る

89 う―む

❶ 生む

1 丿 2 𠂉 3 牛 4 牛 5 生

くさきの めは 土から 生まれる

90 で—る

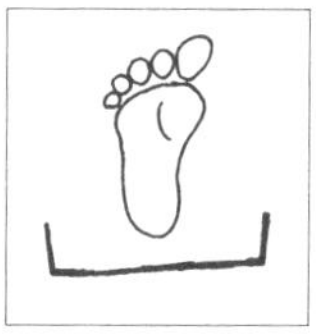

❶ 出る

1 2 3 4 出 5 出

あしが そとへ 出る

91 く—る

❷ 来る

1 2 3 4 5 6 7 来

むぎ(麦)が とおくから 来る

92 か—く

❷ 書く

1 2 3 4 5 6 7 8 書 9 書 10 書

ふでで じを 書く

93 い—う

❷ 言う

1 2 3 4 5 6 言 7 言

かみさまに ちかいを たてて ことばを 言う

かんじに ひらがなを つけて、うごきを あらわす たんごを □□の なかに かいてごらん。

子どもが 手を ひろげて □□《た―つ》。

かざ車が くるくる □□《まわ―る》。

あさごはんを □□□《た―べる》。

いそいで がっこうに □□《い―く》。

車が びゅんびゅん □□《はし―る》。

車を □□□《と―める》。

かんじに かなを □□□《ま―ぜる》。

かなしそうに したを □□《む―く》。

えきまで てくてく □□《ある―く》。

さんすうの もんだいを □□□《かんが―える》。

やりかたを □□《しめ―す》。

玉を □□□《い―れる》。

あかちゃんを □□《う―む》。

そとに □□《で―る》。

車が □□《く―る》。

ふでで じを □□《か―く》。

おもしろい かんじの はなし④

（足が もとに なって できた かんじ）

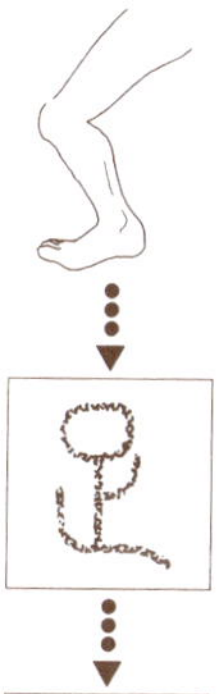

足《あし》

ひざこぞうから 足の さきまでを かいた かたち。

止《と−まる》

あしが じっと ひとところに 止まる。あしを 止める。

出《で−る》

あしを つよく ふみだして そとへ 出る。

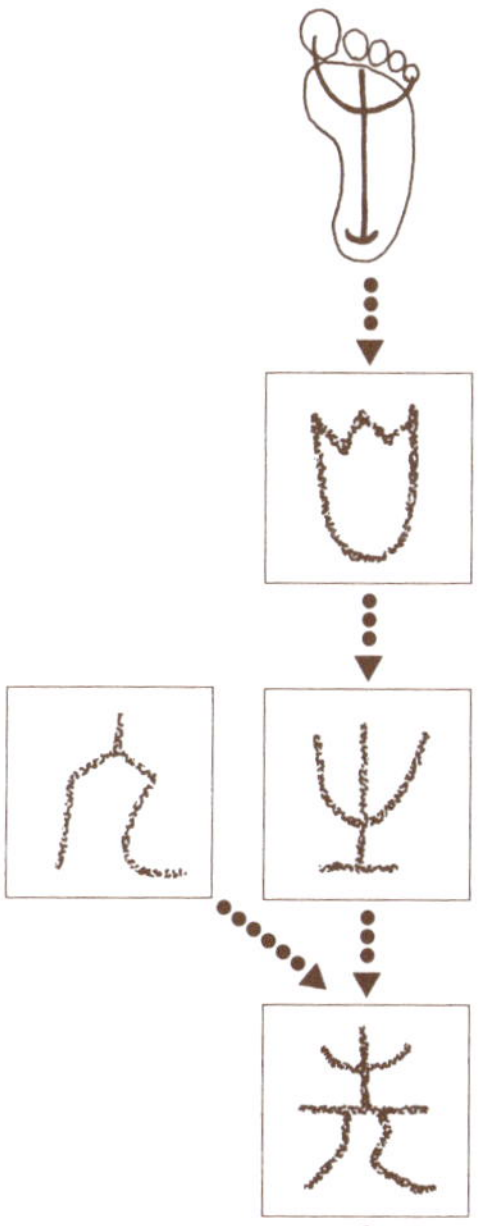

先《さき》

足で 先を あるいて いく人。先に まなんで おしえる ひとは 先生《せんせい》。

正《ただ−しい》

めあてに むかって 足が 正《ただ》しく すすむ。

8 ようすを かきあらわす かんじ

おおきさや いろなど、人や ものの ようすを かきあらわした かんじ

94 おお－きい

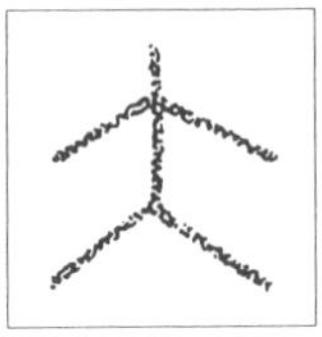

大 きい

一 ナ 大

人が 手を ひろげて 大きい

95 ちい－さい

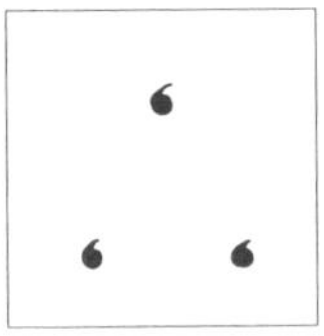

小 さい

亅 小 小

てんが あつまっても 小さい

96 しろ－い

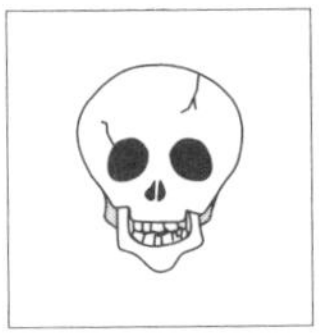

白 い

ノ 亻 白 白 白

がいこつは 白い

97 あお－い

青 い

一 十 キ 主 丰 青 青 青

くさの めも、いどの 水も 青い

98 おお－い

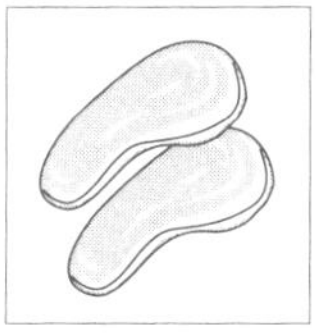

多い ②

ノ 1 ク 2 タ 3 タ 4 多 5 多 6

にく(夕)が かさなって、多い

99 すく－ない

少ない ②

亅 1 小 2 小 3 少 4

ものを けずって、少ない

100 たか－い

高い ②

丶 1 亠 2 亠 3 亠 4 亠 5 亡 6 高 7 高 8 高 9 高 10

どての 上の たてものは 高い

101 なが－い

長い ②

丨 1 厂 2 F 3 E 4 Ε 5 長 6 長 7 長 8

としよりの かみの 毛は 長い

ようすを あらわす かんじを □□の なかに かいてごらん。

おお―きい □□ 犬。

ちい―さい □□ 犬。

あお―い □ うみ。

しろ―い □ なみ。

たか―い □ 山。

なが―い □ みち。

おお―い □ かず。

すく―ない □□ かず。

「なまえたんご」を かく ときと、「うごきたんご」や「ようすたんご」を かく ときとは、かきかたが ちがいます。どこが ちがうかな？

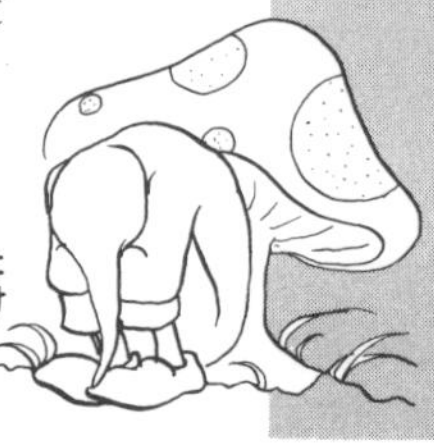

なまえたんご（名詞《めいし》）

人《ひと》　手《て》　犬《いぬ》　羊《ひつじ》　竹《たけ》

うごきたんご（うごきを あらわす たんご）（動詞《どうし》）

立《た》つ　歩《ある》く　止《と》める

ようすたんご（ようすを あらわす たんご）（形容詞《けいようし》）

大《おお》きい　青《あお》い　白《しろ》い

「うごきたんご」や「ようすたんご」は、かんじに ひらがなを つけて かきあらわします。この ひらがなを「おくりがな」と いいます。

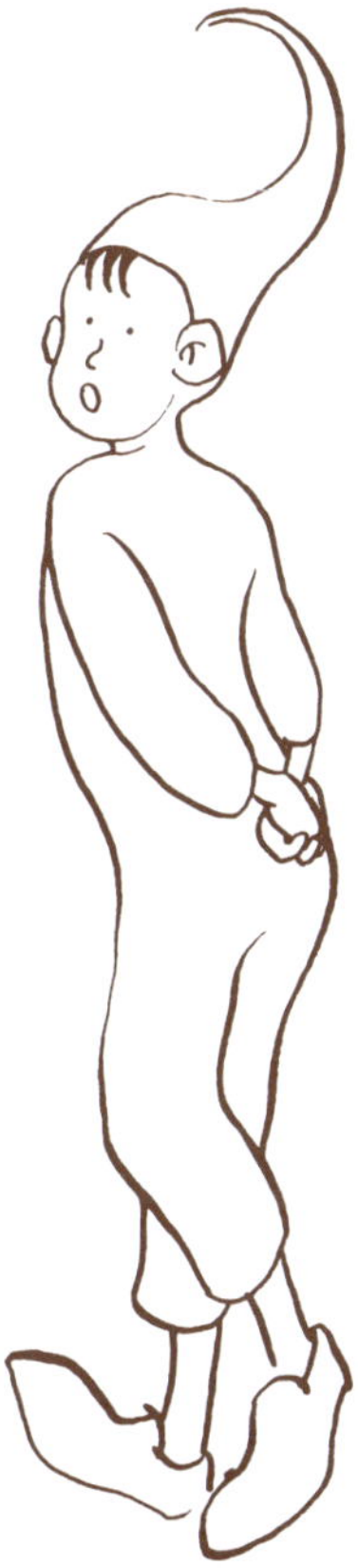

うごきたんごや ようすたんご、それに なまえたんごの かんじを □□ の なかに かいてごらん。なまえたんごは かんじだけで かきあらわせるよ。

□《しろーい》□ □《け》の □《ひつじ》が のそのそ □《あるーく》□。

□《ちいーさい》□□ □《うま》が ぱかぱか □《はしーる》□。

□《おおーきな》□□ □《ふね》に □《たかーい》□ マストが □《たーつ》□。

□《あおーい》□ うみに □《ひ》が □《でーる》□。

□《くるま》を □《とーめる》□□。

9 ひらがなと かんじ

にほんごの 文《ぶん》は かんじだけでは かけません。 ふつう 文は ひらがなと かんじの りょうほうを つかって かきあらわします。

鳥《とり》 虫《むし》 食《たーべる》 → 鳥は虫を食べる。

魚《さかな》 水《みず》 中《なか》 → 魚は水の中を およぐ。

羊《ひつじ》 毛《け》 白《しろーい》 → 羊の毛は白い。

犬《いぬ》 子《こ》 走《はしーる》 → 犬の子が走る。

川《かわ》 水《みず》 多《おおーい》 → 川の水が多い。

人《ひと》 車《くるま》 石《いし》 → 人が車で石を はこぶ。

文《ぶん》を つくる ときは、ものや いきものや かずを あらわす「なまえたんご」にも、ひらがなを つけて かきます。この ひらがなを「くっつき」と いいます。くっつきには いろいろ あります。

山が みえる。山を くずす。山に のぼる。山へ いく。山で あそぶ。
山と であう。山から かえる。山の てっぺんで やすむ。
ふゆの 山は きれいだ。のも 山も ゆきで まっしろだ。

つぎの □の なかに くっつきを いれて、いろいろな 文を つくって みよう。

❶ 母 □ 町《まち》 □ いく。

❷ ぼく □ 友《とも》だち □ 川 □ あそんだ。

❸ たろう □ じろう □ けんかした。

❹ 秋《あき》 □ 山 □ 海《うみ》 □ しずかだ。

❺ みよちゃん □ おかあさん □ デパート □ かいものに いった。

10 音《おん》よみと訓《くん》よみ

上下《じょうげ》・左右《さゆう》
東西南北《とうざいなんぼく》
→中国《ちゅうごく》から きた よみかた

上《うえ》下《した》・左《ひだり》右《みぎ》
東《ひがし》西《にし》南《みなみ》北《きた》
→日本《にっぽん》の もとからの よみかた

もともと かんじは 中国語《ちゅうごくご》を かきあらわす ために 中国《ちゅうごく》で つくられた 文字《もじ》です。 それが いまから 千五百年《せんごひゃく》ぐらい まえに 日本《にっぽん》に つたわってきました。 そのとき、 かんじと いっしょに 中国語の 音《おん》も はいって きました。 上下《じょうげ》・左右《さゆう》や 東西南北《とうざいなんぼく》が そうです。 これを 音《おん》よみと いいます。 文字の なかった そのころの 日本にも、 ことばは ありました。 それで、 中国から はいってきた かんじに 日本の ことば(やまとことば)を あてはめて つかう くふうも されました。 上《うえ》下《した》・右左《みぎひだり》、東西南北《ひがしにしみなみきた》などが そうです。 これを 訓《くん》よみと いいます。 いまでは どちらも 日本語と して つかわれて います。

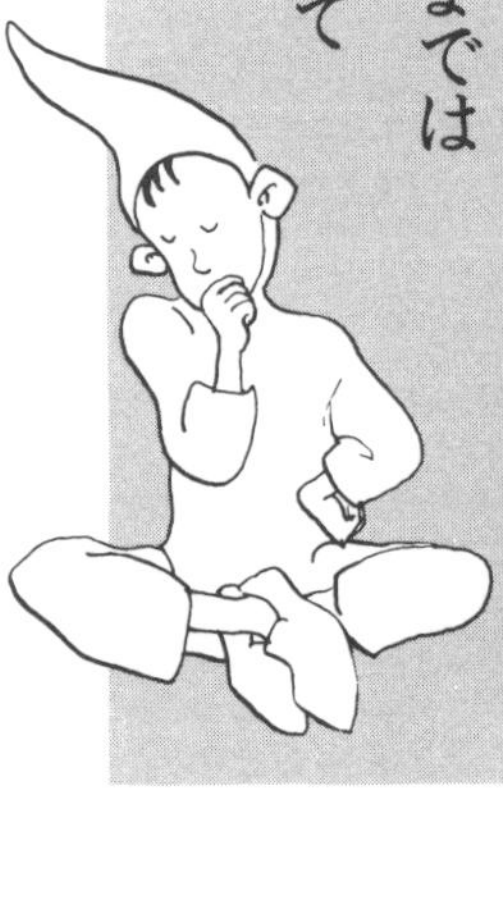

父《ふ》母《ぼ》姉《し》妹《まい》　父《ちち》母《はは》姉《あね》妹《いもうと》

男《だん》女《じょ》共《きょう》学《がく》　男《おとこ》女《おんな》共《とも》に学《まな》ぶ

音《おん》よみ　訓《くん》よみ

かんじには いくつもの よみかたを する もの が あります。 ほとん どの かんじに 音《おん》よみ と 訓《くん》よみが あります。

これまでに まなんだ 百一の かんじの よみかた を べんきょうしましょう。 かたかなが 音《おん》よみで、 ひらがなが 訓《くん》よみです。

【○数字は、配当学年。★は、とくべつな よみかた。（——）は、そこの 音訓が ない。】

人や 人の からだを あらわす かんじ

番号	学年	かんじ	訓よみ	音よみ
1	❶	人	ひと	ジン ニン
2	❶	子	こ	シ ス
3	❶	女	おんな	ジョ
4	❷	母	はは	ボ
5	❷	父	ちち	フ
6	❶	王	（——）	オウ
7	❶	口	くち	コウ
8	❶	耳	みみ	ジ★
9	❶	手	て	シュ
10	❶	足	た—す あし	ソク
11	❶	力	ちから	リョク リキ

12	❶	目	め	モク
13	❷	首	くび	シュ
14	❷	毛	け	モウ
15	❷	心	こころ	シン

どうぶつや その からだを あらわす かんじ

16	❶	犬	いぬ	ケン
17	❷	牛	うし	ギュウ
18	❷	鳥	とり	チョウ
19	❶	貝	かい	（—）
20	❷	角	かど つの	カク
21	❷	羽	は はね	ウ★
22	❶	虫	むし	チュウ
23	❷	馬	うま	バ
24	❷	魚	うお さかな	ギョ
25	❸	羊	ひつじ	ヨウ
26	❷	肉	（—）	ニク
27	❸	皮	かわ	ヒ

くさや 木の なかまを あらわす かんじ

28	❷	米	こめ	ベイ マイ
29	❶	竹	たけ	チク
30	❶	木	き	ボク モク
31	❷	麦	むぎ	バク★
32	❸	豆	まめ	トウ ズ

しぜんや ばしょを あらわす かんじ

33	❶	山	やま	サン
34	❶	川	かわ	セン★
35	❶	雨	あめ	ウ
36	❷	風	かぜ	フウ
37	❶	水	みず	スイ
38	❶	土	つち	ド ト
39	❶	石	いし	セキ シャク
40	❶	金	かね	キン コン
41	❶	田	た	デン
42	❻	穴	あな	ケツ★
43	❶	日	か ひ	ニチ ジツ

44	❶	月	つき	ゲツ ガツ
45	❶	火	ひ	カ
46	❶	音	おと ね	オン

どうぐを あらわす かんじ

47	❶	糸	いと	シ
48	❷	刀	かたな	トウ
49	㊥	舟	ふね	シュウ (船《セン》)❷
50	❷	門	かど★	モン
51	❷	戸	と	コ
52	❹	衣	ころも★	イ
53	❷	矢	や	(―)
54	❷	弓	ゆみ	(―)
55	❶	車	くるま	シャ
56	❸	皿	さら	(―)

かずを かきあらわした かんじ

57	❶	一	ひと―つ	イチ イツ
58	❶	二	ふた―つ	ニ
59	❶	三	みっ―つ	サン
60	❶	四	よん よっ―つ	シ
61	❶	五	いつ―つ	ゴ
62	❶	六	むっ―つ	ロク
63	❶	七	なの なな―つ	シチ
64	❶	八	やっ―つ	ハチ
65	❶	九	ここの―つ	キュウ ク
66	❶	十	とお	ジュウ ジッ
67	❶	百	(―)	ヒャク
68	❶	千	ち	セン
69	❷	万	(―)	マン
70	❻	寸	(―)	スン
71	❻	尺	(―)	シャク

てんや せんの ながさで いみを かきあらわした かんじ

72	❶	上	あ―げる・のぼ―る うえ・かみ	ジョウ
73	❶	中	なか	チュウ
74	❶	下	お―ちる・くだ―る さ―げる・した・しも	カ ゲ
75	❶	本	もと	ホン
76	❶	玉	たま	ギョク

ひとや もののうごきをかきあらわしたかんじ

77	❶	立	た—つ	リツ
78	❷	回	まわ—る	カイ
79	❷	食	た—べる	ショク
80	❷	行	おこな—う いー く・ゆ—く	コウ ギョウ
81	❷	止	と—まる	シ
82	❷	交	ま—ぜる	コウ
83	❸	向	む—く	コウ
84	❷	歩	ある—く	ホ
85	❷	考	かんが—える	コウ
86	❶	入	はい—る い—れる	ニュウ
87	❺	示	しめ—す	ジ
88	❷	走	はし—る	ソウ
89	❶	生	う—む・は—える い—きる・なま	セイ ショウ
90	❶	出	だ—す で—る	シュツ
91	❷	来	く—る	ライ
92	❷	書	か—く	ショ
93	❷	言	い—う	ゲン

ようすをかきあらわしたかんじ

94	❶	大	おお—きい	ダイ タイ
95	❶	小	こ・お ちい—さい	ショウ
96	❶	白	しろ—い	ハク
97	❶	青	あお—い	セイ
98	❷	多	おお—い	タ
99	❷	少	すこ—し すく—ない	ショウ
100	❷	高	たか—い	コウ
101	❷	長	なが—い	チョウ

この ほかにも 音や 訓の よみかたが ありますが、これから だんだん まなんで いくよ。

これで 百一のかんじを まなびました。
この 百一の かんじが もとに なって、たくさんの かんじが つくられて いきます。
これから かんじの くみあわさりかたを まなんで いきます。

✋ つぎの うたを よんで みんなで たのしんじゃおう。□の なかに かんじを かいてね。

赤と 青の チャチャチャ

ズズズン、ズズズン、ズズズン、チャチャチャ
ズズズン、ズズズン、ズズズン、チャチャチャ
おれさま 赤おにだい（チャチャチャ）
赤、赤、赤おにだい（チャチャチャ）
ながれる あせでさえ（チャチャチャ）
まっかっかの 赤おにだい（チャチャチャ）
ブンブラブン
そして きん玉
ギンギラギン
そして 目ん玉

ズズズン、ズズズン、ズズズン、チャチャチャ
ズズズン、ズズズン、ズズズン、チャチャチャ
おれさま 青おにだい（チャチャチャ）
青、青、青おにだい（チャチャチャ）
出てくる うんちさえ（チャチャチャ）
まっさおな 青おにだい（チャチャチャ）
ブンブラブン（ウワァーオー！）
そして きん玉
ギンギラギン
そして 目ん玉

赤	青	目	玉	出

これまで べんきょうした 百一の かんじで
ともだちの なまえを つくってみてね。

人子女母父王口耳手足
力目首毛心犬牛鳥貝角
羽虫馬魚羊肉皮米竹木
麦豆山川雨風水土石金
田穴日月火音糸刀舟門
戸衣矢弓車皿一二三四
五六七八九十百千万寸
尺上中下本玉立回食行
止交向歩考入示走生出
来書言大小白青多少高長

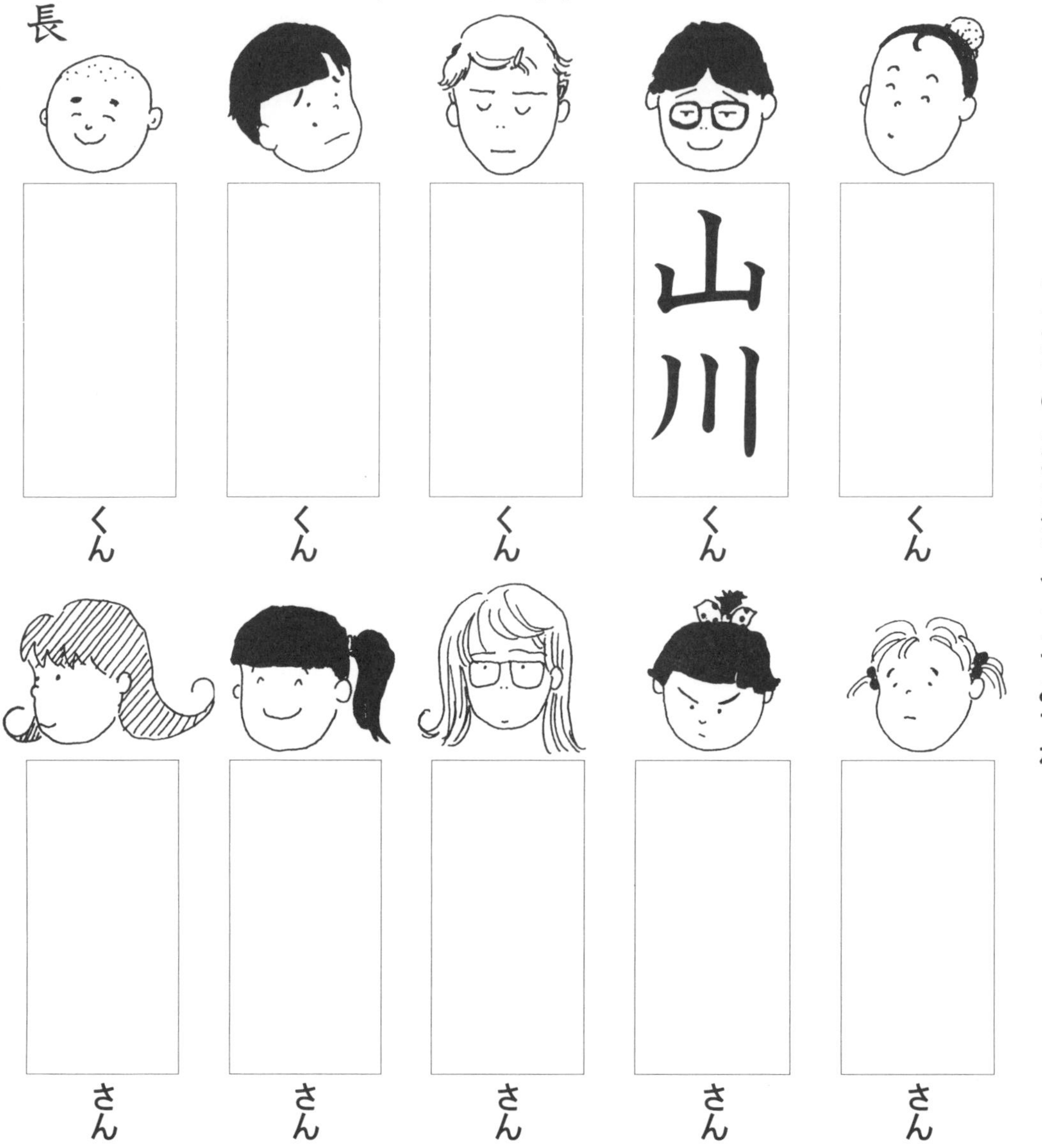